29ᵉ ANNIVERSAIRE

DE LA

BATAILLE DE LOIGNY

DISCOURS

Prononcé le 2 Décembre 1899

En l'Église de Loigny

PAR

L'Abbé A. AUGEREAU

Chanoine de Blois

BLOIS
TYPOGRAPHIE & LITHOGRAPHIE C. MIGAULT & Cⁱᵉ
14, Rue Porte-Chartraine, 14

1899

29ᵉ ANNIVERSAIRE
DE LA
BATAILLE DE LOIGNY

DISCOURS

Prononcé le 2 Décembre 1899

En l'Église de Loigny

PAR

L'Abbé A. AUGEREAU

Chanoine de Blois

BLOIS
TYPOGRAPHIE & LITHOGRAPHIE C. MIGAULT & Cⁱᵉ
14, Rue Pierre-de-Blois, 14

1899

BATAILLE DE LOIGNY

29ᵉ Anniversaire

2 DÉCEMBRE 1870 † 2 DÉCEMBRE 1899

> *Corripiens vero in adversis, populum suum non derelinquit.*
> Dieu châtie son peuple par l'adversité ; il ne l'abandonne pas.
> (II. Mach. VI 16).

MONSEIGNEUR (1),
MES FRÈRES,

Le temps a beau s'enfuir et faire plus lointaine l'atroce tragédie où le Pays agonisa ; les pères l'ont racontée à leurs enfants ; de Wissembourg au Mans, les croix, si proches hélas ! les unes des autres, jalonnent les étapes du sacrifice ; et quand, de nos clochers, où les balles ont creusé des blessures, tombent, sanglots vibrants, les glas évocateurs des

---

(1) S. G. Mgr Mollien, évêque de Chartres.

lugubres anniversaires, ô femmes, ô jeunes filles, vous qui pressentez toutes, si vous ne l'avez pas souffert, ce que fut le martyre des mères et des sœurs, des épouses et des fiancées, renouant à vos fronts les longs voiles de deuil, ardemment, tendrement, vous priez. Vous demandez à Dieu qu'Il éloigne de nous, à jamais ce fléau : la Guerre ; cette double et désespérante horreur : la Défaite et l'Invasion.

Nous prions avec vous. Mais aussi — il le faut — nous interrogeons le passé, afin d'y découvrir jusqu'où doit porter, pour un peuple, une aussi terrible leçon. Et puis, ce nous est une telle force, une telle fierté quand même, un tel droit à l'espoir dont nous avons besoin, que de dresser en face de nos âmes : l'Exemple, le grand Exemple, l'Héroïsme sacré de ceux que la fortune abandonna, qui combattirent sous le drapeau en loques, et qui sont morts, pour la Patrie, au champ d'honneur !...

Je sais, Monseigneur, et vous me permettrez de dire avec reconnaissance, que votre haute sympathie a devancé, qu'elle accompagnera ma parole. Je sais ce que le souvenir remuera d'émotions au cœur du vaillant aumônier que Vous avez été en 1870. Par Vous le courant patriotique s'établit de l'auditoire jusqu'à moi ; et j'en aurai plus de courage, lorsqu'il s'agira de relire cette page sanglante et glorieuse qui s'appelle la bataille de Loigny.

J'essaierai donc, y cherchant avant et après, la Leçon, de faire resplendir à vos yeux l'Exemple, dans toute son austère beauté, dans son immortel réconfort.

.˙.

La Leçon ? J'ignore si personne, depuis, l'a saisie d'un point de vue plus élevé et l'a traduite en un plus énergique langage, que ne le fit ici, en 1871, Mgr Pie, d'illustre mémoire. C'est qu'en effet il le démontrait d'une manière irréfutable : tout peuple a sa mission providentielle ; s'il s'en écarte, Dieu le rejette ; et quand Dieu l'a rejeté, ou seulement quand il le laisse à ses propres moyens, que devient ce peuple ? Jusqu'où ne peut-il pas déchoir ?... Ah ! la médiocrité des ressources humaines !... Ah ! ces « courtes vues » dont parle Pascal, ces prévoyances imprévoyantes, ces sagesses insensées, et ces présomptions et ces orgueils qui s'effondrent tour à tour et disparaissent comme dans un vertige de fatalité !... A présent qu'au recul de l'histoire il est possible de discerner les causes des évènements et de juger, sans passion, ceux qui en furent responsables, je me demande avec vous : est-ce qu'on avait prévu et préparé la guerre ?... Oui, la guerre était prévue. Le général Ducrot avait dit : « Depuis 1866, la paix repose sur des bases trop peu solides pour être durable ; un incident peut, à chaque instant, amener la crise définitive. »

Voilà pourquoi, nommé ministre au mois de Janvier 1867, le maréchal Niel fixait un plan de campagne, d'après lequel deux armées marcheraient au-devant des menaces de la Prusse : l'armée d'Alsace que commanderait Mac-Mahon, l'armée de Lorraine, sous les ordres de Bazaine ; l'une et l'autre appuyées par une réserve qui aurait pour général en chef le héros de Crimée, Canrobert. Mais au mois d'Août 1869, Niel mourait. Moins d'un an après, l' « incident » que redoutait Ducrot, ce fut la fameuse dépêche d'Ems ; falsifiée par Bismarck ? en tout cas si perfidement remaniée par ce bandit de génie, rendue à ce point frappante et agressive que le chef du ministère français devait s'écrier à la Chambre des députés : « La Prusse a souffleté la France ! » Et le 19 Juillet, la guerre était déclarée. Avec des alliés de notre côté ? Aucun. Contre la Prusse seule ? Contre toute l'Allemagne : la Saxe, la Bavière, le duché de Bade, le duché de Wurtemberg. « Jamais, disait le roi Guillaume, jamais on n'avait vu un semblable réveil, ni aussi universel ». Et ce roi Guillaume, généralissime en titre, quel soldat vigoureux il était encore, malgré l'âge ! Et pour conduire trois grandes armées, dès longtemps organisées, celles-là, quels auxiliaires il s'était choisis ! Bismarck, négociateur malhonnête, c'est entendu, mais d'une clairvoyance et d'une hardi   sans égale ; Moltke, le patient, l'inflexible manœuvrier ; Roon, l'intendant prestigieux pour les approvisionnements et le matériel des combats. Certes, nous ne manquions pas non plus de généraux, tacticiens et stratégistes éprouvés, d'aucuns d'une bravoure légendaire ; mais n'était-ce pas à leur maître, à l'empereur Napoléon III, mieux qu'à Napoléon Iᵉʳ, la veille de Waterloo, que l'on aurait pu appliquer le mot de Wolseley : qu'il avait l'âme comme perdue « sous un voile de léthargie ? » Tout d'un coup le plan de Niel avait été contredit, puis abandonné. Au lieu de deux armées, il n'y en aurait qu'une : l'armée du Rhin. De là une mobilisation entravée, presque impraticable, des tâtonnements et des incohérences, qui devaient, en s'aggravant, stériliser l'effort, briser net l'élan, ce premier bond sur l'ennemi, si nécessaire à notre race, pour que, croyant au succès, elle s'en empare et le retienne. Les chances d'ailleurs se résumaient, chez l'adversaire, dans ces paroles d'un officier allemand : « Nous avons la supériorité du commandement, celle de l'artillerie, celle du nombre, nous partons, pleins d'enthousiasme et pénétrés de de la justice de notre cause ».

En huit jours ils avaient franchi la frontière.

Souffrez que je ne raconte pas Wissembourg, Frœschwiller, Forbach, tant de batailles où le courage de nos troupes fut impuissant à conjurer le malheur. Epargnez-moi de redire Sedan qui capitule, Strasbourg qui se rend, et Metz, l'imprenable, trahie, livrée ! En vérité, la main de Dieu nous triturait comme le grain dans la grange. Et c'est une vision poignante que la rage sublime de nos cavaliers, brûlant leurs étendards ; des zouaves et des grenadiers de la garde lacérant les drapeaux, de peur que l'ennemi n'en fît parade en d'insultants trophées !

Quelle débâcle !.. Non ! renions ce cri. Un écrivain antifrançais l'a souillé d'une flétrissure… Mais quelle misère, mon Dieu ! et quel désastre !..

∴

La brèche était ouverte, la digue était rompue. Et Gambetta de s'écrier : « L'avalanche descend de Metz ! » L'avalanche descendit. L'Allemagne, escomptant le triomphe, versait à flots ses régiments sur les bords de la Somme, sur les rives de la Loire.

Alors, dans un sursaut prodigieux, bondit la Résistance. Paris bloqué, en Province la Défense nationale s'organise.

Ah ! lorsqu'en 1872, l'égoïste ambitieux, l'intrigant vulgaire qu'était Bazaine, traduit devant le Conseil de guerre, prétextera, pour atténuer son crime, qu'au 27 Octobre, jour où il capitula, il ne restait plus rien, aucun espoir, aucune chance de tenir, rien…

« Il restait la France, Monsieur, » lui répliquera le noble duc d'Aumale.

Et c'est parce qu' « il restait la France, » c'est parce qu'ils eussent voulu l'étreindre et la protéger d'un amour d'autant plus passionné, qu'elle leur apparaissait plus meurtrie, mutilée et vaincue, c'est pour cela que les d'Aurelle, les Chanzy, les Jauréguiberry, les Sonis, les Charette allaient maintenir le drapeau quand même, haut et fier, face à l'envahisseur.

Ne me demandez pas, en passant, si la main-mise exclusive du pouvoir civil et son absolutisme de direction dans les affaires militaires, ne risquent point, spécialement en des heures aussi graves, de tout conduire à l'aventure et de ménager des revers là où l'on eût espéré des victoires. N'essayez pas de me faire dire si la parole enflammée d'un tribun, si les théories savantes et changeantes d'un ingénieur, peuvent, en de certains cas, prévaloir sur l'expérience des généraux, suppléer à leur habitude de manier les hommes, de mouvoir les masses, et de parer aux feintes ou aux surprises de la guerre. J'affirme simplement, après de plus autorisés que moi, bien entendu : que de même qu'en 1870 il eût importé, de même il importera toujours, de ne pas voir, de parti pris, dans les soldats de race et de métier, des gens bornés et routiniers, dont le rôle unique consiste à mettre en œuvre, de leur mieux, les conceptions des hommes d'étude, des utopistes et des rêveurs. Ceci dit — et il me semble qu'il fallait le dire — quelles qu'aient pu être les erreurs et si cher que nous les ayons payées, sachons le reconnaître : chacun fit son devoir, comme il se crut obligé de le faire ; et ce serait une injustice que de révoquer en doute le patriotisme de celui-ci ou de celui-là, de tel ministre ou de son délégué.

Quant à nos armées de la Loire, ce furent d'héroïques armées.

Rappellerai-je Coulmiers, brève revanche, éclaircie furtive dans un ciel obstinément sombre ?

Rappellerai-je Faverolles, Villepion, des faits d'armes, des exploits qu'accomplirent des recrues souvent disparates, mal équipées, lasses des ordres et des contre-ordres qui les ballottaient au hasard... N'importe ?... ils allaient ; le baptême du feu créait chez nos Mobiles d'indomptables audaces, et pourvu qu'il eût aperçu un instant les lignes de casques à pointe fléchir vers la retraite, la nuit, si froide qu'elle fût, semblait clémente et la terre moins âpre au pauvre petit soldat français.

Ainsi jusqu'au 1er Décembre.

Le 2 Décembre !.. Quand je prononce cette date, est-ce que de la crypte commémorative, est-ce que de la plaine sans bornes ne va pas se lever, frémissante, la légion des victimes de Loigny ?

Écoutez : voici le grand Exemple.

La nouvelle s'était répandue qu'une armée de Paris accourait rejoindre l'Armée de la Loire. Fausse nouvelle ! Avant de monter à cheval, d'Aurelle de Paladines, qui la croyait vraie, l'annonçait par une estafette à Mgr Dupanloup, lui disant : « Priez, Monseigneur, pour le salut de la France ! »

Mais pourquoi donc ces ordres de la Délégation,

dispersant nos troupes sur une immense étendue de
60 kilomètres? Quel secours pourraient se prêter
les deux ailes, isolées et comme disloquées du centre?
tandis que dans la nuit claire et glaciale, les senti-
nelles des grand'gardes signalaient, d'Orgères à Bai-
gneaux, d'interminables feux de bivouacs. C'étaient,
campées là, avec les Bavarois de von der Tann,
toutes les forces du duc de Mecklembourg, près de
60.000 hommes de troupes aguerries... Dès l'aurore,
la terre gelée résonne ; l'artillerie s'ébranle ; le canon
parle ; on dirait d'abord d'un balbutiement solennel ;
puis sa verve meurtrière s'exalte et se déchaîne :
C'est la Bataille !..

Seul, le 16ᵉ corps supporte tout le premier
choc. Vivent les vaillants! Hardi, la 2ᵉ division !

Il est 9 heures: Barry vient d'enlever votre village...
A-t-il mal calculé son élan ? Se sent-il trop peu sou-
tenu ?.. Eh ! ne voyez-vous pas ces 150 pièces
d'artillerie dont le feu prend de front et d'écharpe
nos intrépides bataillons et les fauche comme mois-
sons mûres ?.. On se replie. — A l'aide, Jauréguiberry ! Et sur le sol qui tremble, mouvant, dans
un vertige, comme une mer orageuse ; et parmi la
tempête de mitraille, et sous la rafale des obus,
l'amiral entraîne l'infanterie, comme il eût fait de ses
marins, la voix brusque, l'épée droite, comme à
l'abordage. « En avant ! en avant !.. » C'est le
3ᵉ bataillon de chasseurs ; c'est le 39ᵉ de marche...
Et ceux-là, coiffés de casquettes blanches, affublés,

comme des saltimbanques, de couvertures d'écurie multicolores, ces mal vêtus, ces mal chaussés, ces loqueteux, dont les Remington font merveille pourtant, touchant, presque à chaque coup, un ennemi, qui sont-ils? D'où viennent-ils? Ah! je les saluerai de tout mon cœur; et personne ne m'en voudra. Car, les « *Casquettes Blanches* », c'est vous, les moblots de Loir-et-Cher, vous qui avez laissé sur ce champ de bataille 17 de vos officiers et près de la moitié de votre effectif. Au nom de mon pays Blésois, oui, je m'écrie avec fierté: Honneur à vous! Gloire à nos morts!...

Il était midi. Alors le soleil, un soleil de décembre, splendide et dur, éclaira ce spectacle. Dix fois refoulés, dix fois se reformant, soudain les Bavarois s'élancent hors de Goury. Frédéric-Charles est accouru; il les appuie de forces neuves, considérables. « Hurrah!... » le hurrah sauvage du nombre, sûr de lui-même, se mêle au redoublement d'une canonnade infernale. Décidément le péril s'accentue. Loigny est enveloppé; les maisons regorgent de combattants et de blessés. Sur la terre durcie le sang ruisselle, comme aux portes des abattoirs. Dans le cimetière, quelle lutte opiniâtre et magnifique du 37e de marche! Qui sait le nom de ce petit sergent qu'un de nos mobiles blésois raconte avoir vu, adossé à une tombe, la main droite coupée, et qui s'étant fait lier l'artère au-dessus du poignet, de la main gauche, brandit un sabre-baïonnette, électrise ceux qui l'entourent, leur insufflant ce dont il a plein l'âme : le courage du désespoir ?.. Et que d'héroïsmes pareils, connus de Dieu seul, et par Lui, je le crois, récompensés !...

Cependant Chanzy, l'admirable chef, se voit débordé sur un espace de plusieurs lieues. D'un regard inquiet, par-delà les murailles flottantes de fer et de feu, il interroge l'horizon... Une heure, deux heures... Est-ce que Sonis n'aurait pas reçu son message, son cri de détresse : « Venez à notre secours ? »

Sonis a marché au bruit du canon. Hélas ! il ne dispose que d'une brigade, surmenée de lassitude. Il arrive : il fait braquer ses batteries ; il se heurte à la débandade... « Misérables, vous allez nous perdre !... En avant ! ». Il a beau dire, il a beau faire : le torrent des fuyards se précipite, brutal et contagieux. C'est la panique, l'humiliante « fiebvre poltronne », dont parle quelque part Brantôme ; fièvre aussi peut-être d'un accablement qui, à la fin, dépasse les forces humaines. Ils avaient tant souffert ! oublions-les, pardonnons-leur. Mais il y a là une poignée de braves qui puisent dans leur foi le secret de se sacrifier et la science de bien mourir. « A moi les zouaves de Charette ! montrez ce que valent des hommes de cœur et des chrétiens ! » Et leur bannière déployée, toute blanche, avec, pour emblème sacré, le cœur saignant du crucifié, les 300 volontaires de l'Ouest que rallient vaillamment les francs-tireurs de Tours et de Blidah et les mobiles des Côtes-du-Nord, poussent un seul cri : « Vive la France ! », mais si ardent, si puissant, qu'on le croirait jailli des profondeurs d'une multitude. Il domine, ce cri impérieux, le fracas désordonné de la mêlée.

Au presbytère, où, sans relâche, on les entasse, les blessés l'ont entendu : ils se redressent, pris jusqu'à l'âme d'un étrange frisson d'enthousiasme et d'espoir... Mon Dieu! mon Dieu! si c'était la revanche! si c'était le salut!.. Ce sera du moins le grand Exemple, l'honneur français, resté debout, au prix d'une suprême immolation!..

« Vive la France »!.. l'énorme masse des Prussiens s'étonne, ils chancellent, ils reculent... la ferme de Villours est emportée... « Vive la France! » mais en face du Bois-Bourgeon, le Bois-des-Zouaves, à bout portant, une salve de mousqueterie éclate, puis une autre, puis une autre... Comme ils tombent, ces vaillants, comme ils tombent, se passant de main en main la bannière ensanglantée!..

« A la baïonnette! » Ce dernier commandement, Sonis, Charette, vous veniez de le jeter ensemble, bondissant comme des lions, avec vos bataillons décimés... Je vous vois tous les deux, gisants, broyés, si dignes d'être pareils dans l'excès du sacrifice, dans ce témoignage d'amour donné, pour Dieu, à la Patrie!..

L'infanterie prussienne est à bout ; dans les rues, sur la place affluent les cuirassiers blancs. Le

37ᵉ de marche tire, avec frénésie, ses dernières cartouches : chevaux et cavaliers géants s'écroulent, formant des pyramides de cadavres !.. Pour faire cesser le feu, ils poussent devant eux un rempart de prisonniers français... Le clairon sonne la retraite... Quelques coups de chassepot claquent encore... puis plus rien... Dans l'atmosphère étouffante les maisons flambent et se consument... Pendant douze heures l'Ange exterminateur était passé...

Oh ! les ruines ! Oh ! les scènes d'épouvante !... Oh ! ces corps torturés qui encombrent l'église !... Oh ! là, tout près, parmi les croix brisées du cimetière, et là-bas, si loin, si loin, ceux que les obus, les balles ou les baïonnettes ont couchés par troupeaux — ou par files — ou tout seuls, et que l'angoisse étreint, et que le froid raidit !...

« Le docteur !... » « l'ambulance !... » « l'aumônier !... » « maman !... maman ! ... » Ils se sentent, les malheureux blessés qui agonisent, redevenus comme de petits enfants, si faibles, si abandonnés !... Ils ont soif, grand soif de tendresse et de pitié !... et c'est pourquoi peut-être on trouvera, le lendemain, ce jeune capitaine de zouaves pontificaux (1) — (dont tous les cœurs aujourd'hui proclament le nom, avec celui de sa noble veuve) — on le trouvera, le

---

(1) Le capitaine Fernand de Ferron.
Madame Fernand de Ferron a fondé à perpétuité le service anniversaire du 2 Décembre 1870.

front penché, mort, mais comme endormi, sur l'épaule du général de Sonis qui, lui, le saint, priait, priait sans trêve la douce Vierge Marie, Mère très douloureuse, Reine des Martyrs, Consolatrice des Affligés... Et puis la nuit descend... peu à peu les plaintes s'éteignent, les clameurs diminuent... la neige tombe, répandant son linceul sur ce champ d'effrayant silence et d'infinie désolation...

Le 2 Décembre 1870, la bataille de Loigny, ce fut l'Exemple, le grand Exemple d'Héroïsme patriotique et chrétien.

.·.

Ici, depuis, l'on vient prier et l'on espère... Ici m'apparaît plus compréhensible, ce plan adaptable à la France, la parole que je citais, en commençant, du II° Livre des Machabées :

Corripiens vero in adversis, populum suum non derelinquit.

Dieu châtie par l'adversité le peuple qu'il préfère, mais il ne l'abandonne pas.

— « *Je conjure* — dit à quelques versets plus loin, l'écrivain sacré — *je conjure ceux qui liront ce livre de ne pas se scandaliser de tant de maux, mais de considérer que ce qui est arrivé a eu lieu, non pour la ruine, mais pour la leçon de notre nation.*

Car ne pas laisser les pécheurs vivre longtemps

selon leurs désirs, mais employer aussitôt la correction, c'est une marque de grande bienveillance.

En effet, si le Seigneur attend avec patience à l'égard des autres nations, pour les punir de la plénitude de leurs péchés, lorsque le jour du jugement sera venu;

Il n'agit pas de même envers nous, de manière à se venger finalement, lorsque nos péchés sont montés à leur comble.

C'est pourquoi Il ne retire jamais de nous sa miséricorde, mais, châtiant son peuple par l'adversité, Il ne l'abandonne pas.

Pour moi, j'ai lu encore notre histoire du milieu du xvie siècle. J'y ai vu la France seule à tenir en échec la puissance colossale de la maison d'Autriche, je l'ai vue gardant l'indépendance de son territoire et de sa politique, malgré toutes sortes d'infériorités : finances dans un état lamentable, armées trop peu nombreuses ou désorganisées. Comme s'exprime l'historien — sans cesse sur le point de périr, elle se relevait toujours avec une incroyable vitalité ; si bien que Charles-Quint, le Grand Empereur, prononça ces paroles remarquables : « Il n'y a nation au monde qui fasse plus pour sa ruine que la française ; e néanmoins tout lui tourne a salut, Dieu ayant en sa protection particulière le Roy et le Royaume ».

Me souvenant donc de 1550, me souvenant de 1793, me souvenant de 1870, songeant aussi à l'heure présente, quoiqu'elle renferme d'inquiétudes et de menaces, quoiqu'il y ait de tentatives sacrilèges contre la Patrie, contre sa tranquillité, contre sa grandeur, contre son prestige ; je le crois, j'en suis sûr : nous n'avons pas le droit de nous désespérer. Il se pourra que la leçon se reproduise, sévère et flagellante, parce que Dieu juge nos rebellions, et parce qu'Il nous aime ; mais les beaux exemples de patriotisme et de foi ne feront pas défaut, et Dieu nous sauvera, parce que le sang des Martyrs de Loigny crie pour nous vers Lui et vers son Sacré-Cœur...

O vous, prêtre vénéré (1), qui avez été, il y a 29 ans, leur incomparable consolateur ; vous qui veillez avec un soin jaloux, sur la nécropole glorieuse, sortie tout entière de votre âme, gardez-les bien, nos morts tant aimés, gardez-les bien. Vous avez su intéresser une haute et patriotique influence à l'achèvement de cette œuvre splendide ; soyez béni ! puisque le souvenir de ceux dont Sonis semble là, sous l'autel, commander en chef le grand repos, c'est le meilleur conseil et le plus robuste secours de notre existence nationale.

Lorsqu'on s'est agenouillé près d'eux ; lorsqu'on a médité les stations de leur calvaire : à la croix du Bois-des-Zouaves, à la croix du général, à la croix de

---

(1) M. le Chanoine Théart, curé de Loigny, depuis, 1882, chevalier de la Légion d'honneur.

Villours..., on s'en retourne — je l'éprouve déjà — le cœur rempli d'un renouveau de force; on a reconquis l'Espérance. On aime davantage — si rudement qu'Il ait frappé — le maître de qui relèvent les destinées de tous les peuples, le Dieu qui ne veut pas, non, qui ne voudra pas abandonner la France.

100

www.ingramcontent.com/pod-product-compliance
Lightning Source LLC
Chambersburg PA
CBHW070529050426
42451CB00013B/2922